Un poema en Las Peñas y algunas rebañaduras

Colección: Licenciado Vidriera, 18

HERRERO, Fermín
    Un poema en Las Peñas y algunas rebañaduras /
Fermín Herrero. - Valladolid : Ediciones Universidad de
Valladolid, 2026

    82 p. ; 19 cm. - (Licenciado Vidriera ; 18)
    ISBN 978-84-1320-389-8

1. Poesía española – Siglo XXI I. Herrero, Fermín, aut.
II. Universidad de Valladolid, ed.

    821.134.2-1"20"

Fermín Herrero

Un poema en Las Peñas
y algunas rebañaduras

EDICIONES
Universidad
de Valladolid

© FERMÍN HERRERO, 2026
EDICIONES UNIVERSIDAD DE VALLADOLID

Diseño de cubierta: Ediciones Universidad de Valladolid
Motivo de cubierta: Paraje de Las Peñas, término de Ausejo de la Sierra

ISBN: 978-84-1320-389-8
Dep. Legal: VA-106-2026

Preimpresión: Ediciones Universidad de Valladolid
Imprime: SAFEKAT - ESPAÑA

EL SILENCIO INICIAL (Y ÚLTIMO)

Una oración, aquí, en Las Peñas,
sobre el campo, como si derramara
lo que soy, con su poco,
tan insignificante, tan apenas.
Un dique de papel contra un océano
de silencio, según define Laura
Ferrero la escritura en *Gente que no existe.*
Abajo, la veguilla, al pie del cerro
en parte repoblado de pinos,
Cebollera detrás, el horizonte
enfrente de la Sierra del Alba,
tan propia, tan cercana, a lo lejos.
Se escribe la palabra contra
el silencio, si bien quisiera
conservarlo, por ser suyo.
En el silencio pleno, maternal, de la naturaleza,
un silencio uterino anterior al lenguaje,
con su energía espiritual, parafraseando a Simic,
sumido en mis contemplaciones,
me escucho en la mañana de setiembre,
adensada la luz, fina la brisa,
desvanecido el tiempo, mientras miro
sin mirar, lo de afuera, por dentro.
Me ahondo, no consigo olvidarme,
pero casi. Las rocas celando
siempre, siempre, durante siglos
y siglos. Me he acercado, como
acostumbro, a intentar oír el silencio

hasta Las Peñas de la Zorra,
donde asestaba las ovejas churras,
el rebaño girando por sus costados,
en círculos peonza, irregulares,
buscando como hoy yo la sombra,
el verano que estuve de zagal, a reo,
y este paraje tan desnudo me imantó.
Gran parte de mis versos me ha venido
así, recostado, a la sombra,
al frescor de estos riscos,
según un conocido, arqueólogo,
encima, por las trazas, de una necrópolis,
a la vista de los enormes pedruscos
diseminados a sus pies. Bien sé
que hablan por boca de los muertos,
que vienen de los muertos, por los muertos,
las palabras que atiendo y escribo.
Silencio sepulcral por la tierra
oscura, muerta, abandonada.
Seguramente vuelva y vuelva por aquí
para tratar de comprender, en vano,
el mundo, como hacía aquel indio sioux,
hierático durante días en el hueco
de un cantil, reclinado, indiferente.
Respiro este silencio universal,
podría masticarlo hasta saciarme,
de hecho, lo hago mientras lo anoto,
todo el silencio junto tengo,
solo, aquí, donde el mundo cesa,
a la vera del peñascal, en su sosiego.
Me he asomado al llegar a la risquera
inferior y ahí estaba, tan campante,
la zorra que da nombre al lugar,
justo al lado de su guarida —que bien

conozco, el miedo que me daba de crío–,
al sol, hecha un ovillo. La he asustado
y ha salido, mirándome de soslayo, corriendo,
deteniéndose a trechos, hacia la roza.
Recostado en la piedra calcárea,
desde este cerro que circundan
los aguiluchos y demás rapaces –un azor
ha pasado, un busardo y un cernícalo,
creo–, con la quietud que me procura
la soledad, mi compañía fija,
estoy sereno, nítido. Contemplo
la hoya, con calma, palmo
a palmo, oigo abajo, asordinada,
la cantinela del arroyo, sólo
cuando ha llovido en condiciones.
Aquí me templo y equilibro, me aplaco,
no escucho ni el silencio, estoy,
no escucho nada, ni siquiera a mí.
Me basta con estar, es suficiente,
sobrante; estar en el silencio, solo,
como disuelto en aire y luz, en medio
de la nada, sentado contra la peña,
mirando, simplemente mirando,
sin meditar, lo menos que se pueda.
Paso las horas muertas de este modo,
permanezco en lo fijo, tiempo
al tiempo, en el reposo mío el tiempo,
empozado. Me trae aplomo,
una alegría suave y pobre, mansa,
sin duda, para siempre, la mejor,
por ser la duradera, por no ser
conmigo, ni hacia quienes amo
o aprecio, llanamente por persistir
en lo inmóvil, en lo creado.

Estoy aquí, perduro, me prolongo
aunque no saque nada de enjundia del paisaje,
no digamos su religión, como supo
Cézanne cuando pintó su significado.
En todo permanezco, sin molestar
a nadie, mientras miro rato
y rato, ensimismado, el campo,
desde estos solitarios y apartados
riscales: la pasividad, el tiempo,
el silencio, el pinar bajo de enfrente,
la sierra en lejanía, los encinares,
la rastrojera, el puente, nada. No hay
ni pájaros siquiera, miro el cielo,
ni grajos ni gorriones, sólo alguna
ave rapaz, mariposillas delicadas
que sobrevuelan en mi derredor,
en apariencia tan contentas,
dónde irán a morir. Antes cantaba,
de lejos, la perdiz; arriba,
la calandria. Y ahora nada.
Lo ha exterminado todo el herbicida
total con su eficacia completa. No sólo
las aldeas, el campo está también
desierto, en despoblado. Respiro
por los ojos. Los líquenes en la piedra,
diríase que idénticos a perpetuidad,
a diferencia de las hierbas sueltas,
raquíticas, y de las uñagatas
que corto para arrecostarme a gusto,
los musgos aterciopelados,
entre las grietas y reclices de los peñascos,
que acolchan un poquillo la caliza,
de una hermosura, vistos de cerca,
que cautiva; se ven vivísimos tras las aguas,

diríase que quieren comunicarse con nosotros,
como diría Aira. Por su parte,
Robin Wall Kimmerer, con ascendencia
potawatomi, piensa que entre el musgo
y la roca, dureza y suavidad,
tiene lugar una conversación muy antigua,
poética, sin duda. Retrepado y feliz,
a la escucha de qué, si sólo hay
silencio a solas, en mi despacho al natural,
debo de parecer un lunático, supongo,
por tal me tomarán, si bien no quedan
apenas lugareños, no más de diez almas
de fijo, a la redonda, así
que bien podría, con las pintas
que además he traído, equipararme
con Don Quijote, en vela, enfebrecido
y montaraz en lo fragoso dulcineo.
Pero no desvariemos. El campo
es una casa humilde, como bien
dijo el pintor Retana. El silencio
se piensa y nombra lo gestado. No va
conmigo mientras sigo en el mundo
que me traje a las peñas, si bien al cabo
siento el silencio del principio de la creación,
la inmensidad, el infinito del de Recanati
que puede ser también, cuidado, la imagen
de aquel Jacinto de Eça de Queirós:
el lúgubre vacío del universo.
La soledad me atrapa, me circunda.
No quiero estar ahora en otro sitio,
como me pasa en todos los demás
lugares, salvo en el de la poesía,
un espejismo al cabo, una quimera.
Tal vez este paraje también, como la vida,

pero me siento eterno mientras dura,
porque el espacio anula al tiempo, o casi,
no sólo lo aprovecha al malgastarlo
adrede, lo transforma en su memoria,
como si disecara el transcurrir
haciendo suyo el verso, su latido.
He echado la mañana siguiendo
el quehacer de varias mariposas,
su zarceo, sin pausa casi, entre las plantas
rastreras, aromáticas. Eran blancas la mayoría,
con manchas negras por los bordes
de las alas. Qué rara su manera
de volar, de moverse, de actuar. Pasan,
repasan, picotean de aquí para allá.
Si permanezco atónito se posan
a mi lado tranquilamente,
me han revoloteado sobre la cabeza
como si fuese pétreo. Sólo
puede decirse que mariposean.
En la atención se desvanece el tiempo,
al interiorizarse sin querer, quiebra.
Es la mudez del campo, con Ortega y Gasset,
el tiempo que en la roca se acumula.
El silencio emisario del olvido, quizá,
representante de la muerte, de la nada.
Es un silencio, en todo caso, prodigioso,
sideral, el del día séptimo, lleva en sí
aquel descanso, aquel concierto.
Es un silencio religioso, definitivo
por ser primero, sólido, la sustancia última,
el origen y el fin, el verbo primigenio,
sin fondo. Estoy aquí, no puedo pedir más,
si no estuviera, incluso, al haber estado
estaría por siempre, permanente,

como en el jaiku aquel de José Iniesta,
en las "peñas desnudas", donde "crece
el tomillo más oloroso". Mientras
espero aquí sentado, más bien
arriscado, que vengan las palabras,
retiro lo que he dicho, me quito, me sustraigo,
escucho, oigo lo más noble de ser oído,
dejo el silencio vivo, inmóvil, mineral,
sobrehumano, atributo de la perfección
para Kafka, que está antes y después,
para siempre jamás, que puede decir, que lo dice
todo.

Poemas rebañados

UNOS CUANTOS JAIKUS

El horizonte.
Se aleja. Y no se alcanza.
La poesía.

En el verdor
del cerezo, aún junio,
una hoja roja.

El cauce seco
al fondo, en la ribera
pujantes álamos.

Bajo las zarzas
el pueblo donde se oyen
palabras muertas.

Entre las copas
de los pinos, la luna
llena se asoma.

La picaraza,
encima del semáforo,
vigila el tráfico.

No canta el cuco
en el pinar de siempre.
¿Es primavera?

La propiedad
es un veneno torvo
y de por vida.

Lo busco y no
me siente. Inútilmente,
siempre, me encuentra.

En el jardín,
el cierzo. Y tú. Ayer
planté manzanos.

En una tarde
de lumbre ensimismada.
Dejadme allí.

Las piedras hacen
sangre, pero al tocarlas
echo raíces.

El río exige
anular mis pupilas.
Mañana en blanco.

La encina sabe
que las campanas sobran.
Que abril engaña.

El vuelo de una
mariposa es un simple
vuelo. Sin más.

Pidiendo agua
desde la cruz de piedra.
El monaguillo.

Al trigo, el agua
a finales de mayo.
A mí, tu boca.

Donde la vida,
allí, la lluvia llega,
me voy haciendo.

Por qué croaban
en la noche las ranas.
Vivir al margen.

Sin nada más,
la espiga grana mientras
me quedo en casa.

La lluvia, ahora,
tan tarde, no da vino
y quita pan.

No para el pájaro,
con la mitad de impulso
me conformara.

Pesan mis ojos
una margen de espigas.
De qué cosecha.

Tormenta a campo
raso, sin una choza,
cuán a menudo.

Las nubes negras,
en lo blanco la tarde.
Pedrisco. Negro.

Cayendo siempre,
hundirme en el reguero
para que sea.

En el granero
todo el año, el esfuerzo.
Verlo crecer.

En nueve metros
cuadrados —una choza—
saber vivir.

El que se baña
en la poza levanta
lodo, sospechas.

El sol que pica,
pelada desnudez
la de estos pagos.

La luz, la sombra,
cuantas veces dije
la yerba, el sol.

Contra el crepúsculo
se afila la risquera.
La noche, el miedo.

Era muy tiesa.
El viento en la cantera
abandonada.

El río baja,
con toda su inmundicia,
siglo tras siglo.

El agua, el agua,
al fin y al cabo, el agua.
Y mi sequía.

Por la ventana
la marca de las botas,
las migraciones.

El que no soy
habla a veces conmigo.
Oigo llover.

En pleno monte
siempre estamos sin ropa.
Somos la presa.

Hoja tras hoja,
a mediados de octubre,
los chopos arden.

Pasan los días.
Saldríamos al campo
si no arrojara.

Nunca seré
carrasca: por sus ramas
he de perderme.

Cuanto aposté,
perdí, en la boca tengo
sabor a barro.

Está otra vez
aquí el invierno. Ser
su laconismo.

Labrando el páramo
vuelta tras vuelta, el páramo.
Desorillando.

La niebla sobre
el río a mediodía,
tal como estoy.

Me dejo entero,
pero sin desnudez,
en el vacío.

Ni una casa
queda en pie. Los antiguos
pueblos, majadas.

Me perderé
en esta sierra. Puedo
morir tranquilo.

Supiera dónde
estoy ahora, dónde
soy. ¿Qué sabría?

Si me adelanto
como el almendro, fijo
que me equivoco.

El horizonte.
Se aleja al acercarse.
La poesía.

Media docena de Juejus

Al lado mismo de la vía está
mi piso. En medio de la noche, los trenes
de mercancías pitan, pitan por darse el gusto
macarra, sin motivo alguno.

Tendida entre los cardos, con rocío,
qué primor, al trasluz, la telaraña.
El aire no se mueve. Si pusiese por obra
algo humilde, sencillo, sin descanso, en silencio...

Estás bajando las escalinatas sobre el Ganges,
en Benarés, el humo de las piras, una vaca negra,
las barcazas con leña, grajos, perros que husmean,
un lisiado, boñigas que también arderán. Como todo.

La ciega niebla empapa las ramas de los álamos
y en la orfandad del largo invierno, a su antojo,
dos colirrojos se distraen. Se citan, se achuchan,
saltan, se esquivan. No les importa dónde están.

Estabas cerca y sólo tú
lo sabías. Por breve que parezca
el ruido de unos labios, las ganas
de volar eran simples pero hermosas.

Una nevada que calmase el murmullo
del viento en el pinar. La rama del almendro,
florecida, como si nunca hubiese habido
enero. Que no sean luz que acaba. Estar allí.

DIEZ DEL CICLO 'FUERA DE CAMPO'

si vino con la lluvia, nadie
lo notó, porque todos hablaban
de la edad como una rebeldía
pasajera y de ciertos contagios que se ceban
con los tímidos. Iba mucho más
lejos, hacia la noche con el rostro
de los ángeles, la subida a lo profundo. No
supe cómo tratarlo y por eso
perdí la risa y enfrié con dureza
su ansiedad. Me acosaban los vértigos,
lo que saben los puertos de la tristeza. Entonces
me lavé los recuerdos al calor sin cobijo
de su herida diaria.

Y me entregué a sus dudas

de lo que allí mostraba su esqueleto
de pena permanece, contra toda
ilusión a porfía, la raíz —lugar de la ceniza—
en que me ahínco. Era entre sus muslos
apretados, el miedo, o frente a labios que jamás
besaste, la vergüenza. Y, sobre todo,
eran la prisa y la derrota, los ojos
por el frío —se admiten cómplices.

De lo que allí dejé, mantengo
la precaución a campo raso, una
sospecha de relente, anterior
a cualquier forma de granizo
venidera. Y añado la resistencia
al hielo de las berzas.

Trae la lentitud sus enseñanzas

la noche fue de los petreles bajo
mi falta de experiencia. Roca. Manos insomnes.

Manos que no despiertan la humedad
y qué les queda sino alzar
el velo de las novias. Pero cálmate, abre
los diques y contempla cómo,
palmo a palmo, traduce tu angustia
en carne con caligrafía lenta y reclama
más y lo logra, simultáneamente. Y
agradeces despierto su ternura, al nivel
de sus dedos que bullen.

Al alba recobraste el sueño por la línea
del mar, entre mariscadoras hundidas
en el fango. Avanzabas
tras ella

nadie sabía la respuesta, aunque
muchos alardearan de sus trucos. Y tú
los creíste algún tiempo, el barro
en los zapatos.

Para cerrar el círculo haría falta
la palabra del tiempo, dormida
sobre el agua. Y el gozne de la luz
en que te niegas, un jardín acabado
y sin orillas, de improviso. Durante
el tiempo aquel llamaban a tu puerta
sin otra voluntad que su premura. Y tú,
desnudo por la edad, veías en la prisa
una canción a compartir, como un desprendimiento.

Nadie decía nada entonces, porque
cada quién sabe cómo se aprende
el musgo sin cegarse, huyendo
de uno mismo, descalzo

voy a llegar hasta las manos
minuciosas, sin más aliento que la urgencia.

Algo me dice que en su calma aflora
la materia, anterior al verbo
en lo absoluto. Voy
a llegar hasta la desnudez
del ritmo, todo polen y entrega, hasta
la lentitud final por donde nadie
pasa. Voy acercándome a la noche
altísima, semilla y destrucción,
la venda contra el mármol, el sosiego...

Me doy la vuelta

te estoy mirando ahora, frente
a frente, a corazón abierto, y, cada vez
que naces desde la distancia, bien quisiera,
tan ardua al florecer, tu soledad
sin alba. Vengo
desde tus pechos temblorosos, aquí
los tengo como entonces, subo
rotundo por tus muslos, breve
por tu cintura. Traigo de par
en par tu cuerpo, todo conjunción
copulativa, tacto y ya.

Vuelve

un pálpito en la noche me dispone
al fuego sin candor donde la luz
comienza. Travesías
con un fondo nevado, pues ahora
la noche en los caminos me intimida, palabras
como piedras, me vence el desamparo
de los perros sin dueño. Resisto
a duras penas, tanteando
la penumbra, tu espalda, para hundirme
más deprisa. Los cauces
terminan por coserse.

Por tu tierra quemada nadie
hallarás, el gemido al viento
de las bestias, que no se mueven

el que trajo la gran riada arrastra
ahora su ración de sequía. Sabe
a fango. Un día habló
con prepotencia. Por alguna
razón que ignoro estuvo largo tiempo
donde se cumplen mis desplantes. Si
al menos comprendiera su pasión
por ir al grano siempre, que entonces
me inundaba. Mas quién sabe en verdad
cuándo los charcos nos entrañan
y se impone que aquello que inventarias
significa.

Esa quiebra interior donde todo
sigilo es poco

lenta vendrá la luz, detenida,
con un sosiego hecho
de sampanes y un peso de palabras
sin sudario. Y allí estará, cerca
siempre del rocío, un hombre sin recuerdos
que no podré nombrar

en adelante. Pero cada indicio
es demora en los días
del desierto, oquedad por los renglones.

Es cierta lentitud lo que persigo, un clamor
que me arrebate, mientras
la oscuridad arrastra mi memoria,
su fardo de elegía, como un viejo carguero

un hombre como los demás, muy
corriente, estuvo aquí sentado, echándose
a perder, dicen, ante la vida
intraducible, para ir más allá

en el deseo. Un hombre a secas –la muerte
estaba en casa–, en vías de extinción,
según dijeron, en desuso quizá, sin ninguna
importancia, que se pasó la tarde mirando
la montaña, tan poca cosa, y sin decir

esta boca es mía. Un hombre cualquiera, un
don nadie, sin remedio –los otros lo dijeron– a corto
plazo, un caso perdido, desde luego, inútil para
el trato social. Un hombre gris, del montón, que sabía
que la única pregunta es el silencio, la única
respuesta. Uno de tantos, entre muchos, que se funde

con la banda sonora mientras mira
sus títulos de crédito. Un hombre del común
hablando solo y tan inerme
como el resto, ni más ni menos.

POEMAS CON PERSONAJE
RESCATADOS

LA BALADA DE ANNIE MAE
(Fotografiada por Walker Evans)

Debiste ser hermosa,
con tu sonrisa triste, Annie Mae;
toda la vida sin parar, trajinando
descalza. El chotacabras canta
por el bosque, a lo lejos, alzas
los ojos. Siempre estás cansada,
Annie Mae, entumidos los pies
en el pedal de hierro fundido
de la Singer; olvida el miedo
a los nublados y el sombrero
de plumas que se arruga
en el cajón; no me lo enseñes,
Annie Mae.

Ahora te has lavado la cara,
las manos y las piernas, debiste
de ser muy guapa, Annie Mae.
Te recoges el pelo y te pones las medias
negras, del algodón que recogiste,
el vestido estampado, los zapatos
de un solo botón, el collar de cuentas
de vidrio y el sombrero sin arrugas;
muy hermosa serías, Annie Mae.

Sin colorete, ni carmín, ni cuello
fruncido, tu silencio, tus andares,
tus ojos tímidos, el porte estirado,

el escote profundo para dar el pecho,
la falda estrecha y larga;
qué hermosa te vería, Annie Mae.

Si has traído el candil y me has puesto,
delante de la lumbre que has echado,
bizcochos grandes sin tostar,
guisantes con tocino, huevos fritos,
mermelada de moras y cuajada;
si me das de comer, por qué te apartas,
por qué callas y no me miras,
por qué lloras tantísimo;
debiste de ser guapa, Annie Mae.

DEBUSSY

En el vientre del mar amanecer a oscuras, bruscamente
resuelto a seducir el nervio de las horas. Pasa
el tiempo. Demasiado horizonte para tan pocos
ojos, a la deriva, tolerando la luz apenas
en la quietud con ansiedad de las redes.
Mas detener el curso de las horas –y aun elegir
la duda– equivaldría a renunciar en vísperas
y ya el océano dialoga con el viento
que abalanzan los bosques
como una expedición sin freno, ya no
queda cobijo para la indiferencia
que, al sacudirse, va y viene,
se columpia en las algas, saborea y se rinde.
A rienda suelta, el pensamiento cubre con sal
las cicatrices, imbricando al socaire los silencios.
La luz succiona las aristas y propala la conjunción
de formas, un secreto en sordina
que nunca ya tendrán mis ojos.

PAVESE SUICIDÁNDOSE EN TURÍN

Todo esto da asco. Basta de palabras.
El dislate del semen que pringa
y abochorna, el sopor con luto de Calabria.
La lasaña en un antro de Chicago, entre
sicarios tiesos como los ajos, apuntándote
al pecho. Y tú les das la espalda, excitas
sus gatillos. El diablo en las colinas o entre
los muslos, mas ninguna mujer
comprende tus llamadas desde el Albergo Roma
y aún menos *la donna della voce rauca*. La cobardía
en las granadas sobre los partisanos que revientan, tuya
como el morado de las viñas que estalla
en el Piamonte. *Un gesto. No escribiré*
más. Las moscas que no cejan en su empeño
de merendar sobre el cadáver
que en sueño lento les concedes.
Dieciséis tubos de somníferos y esta mierda
de prosa y la memoria
que te mata. No hagáis demasiados comentarios.
Sin embargo —de qué sirve pedir disculpas—
desde estas líneas yo también te traiciono, cuando
ya eres como tierra, como colina, cuando
viene la muerte y tiene nuestros ojos.

TROCADERO 162, BAJOS

Faro en el malecón, y puerta, de tus retinas zarpan
sin cesar, en miríadas, monzones
de materia y enigma en cuyo centro, imán
en rotación, estalla intensamente la raíz. En otro
tiempo la memoria, la casa que se hundía
en los ancestros, azuzaba su delirio
desde la poligamia de la iguana, industria
del hilván, de los ríos sin cauce, del jugoso
mamey en floración, concierto
del subconsciente colectivo. Jamaica,
las praderas que invitan al deseo. En otro
tiempo la ceguera extendía sus cocuyos
al lado sin certeza de la noche, claridad tierra adentro
hasta el clamor de la materia haciéndose
en tus manos. Y ahora, frente al mar, acatas
la traducción en cuerpo de los ríos, el destino
escrito en la sustancia que se llamaba carne.
Jamaica, el arco es la tensión mientras duramos
en el péndulo. Sostengo tu mirada a quemarropa,
ligeramente teatral, aunque no sea necesario. Vuelves
vencido a casa, el asma y la cerveza, los caimitos
dulzones, porcelanas, tantas cajas de puros, aguacates
con sal, jalea de guayaba, licor de tamarindo.
Paladeo tu voz y me pregunto qué silencia.

TÓTEM

Las fogatas del Bronx, donde nunca se pone
el día. Allí, el espasmo en las caderas anuda con su jugo
las pupilas, como un escalofrío de serpiente inmediata.
En solares sin duda protegidos, con alquiler
a precio de caviar, sobre la escarcha de las jeringuillas,
mulatas poderosas derraman por sus medias el bourbon,
mientras el chófer de la limusina se masturba a despecho
y una urgencia de fiera, que repele,
enreda entre los muslos la lengua del perista.
Al mismo tiempo, huidos de la fiesta fin de curso,
los pechos comestibles de las vírgenes rubias
acuden al fervor de los tantanes. Hay un embrujo
de cinturas envuelto en humo, en la niebla
de gasolina y jungla, de candombe, y cierta
densidad más allá de los puentes, un aire
donde la carne agita los vestidos de noche,
cubiertos de rocío y manos de hechiceros,
nerviosas como monos. Raperos a jornal
montan guardia en los cruces y, en el fulgor
de los brebajes, un orgasmo iniciático arrebata
de música los cuerpos al acecho con labios
sin estribos. Hay gritos en la noche que saben
a ambrosía y desgarro de azúcar. Las fogatas
del Bronx. La espera es el dominio y el instinto.

NOUVELLE VAGUE: GODARD

Todos somos extraños. Inesperadamente ella
reclama un ser real a comisión
del diez por ciento. Pero mi memoria
es muy lenta —no digas nada más, todos
somos extraños.

Mi memoria es muy lenta y mi sinceridad
será tu ruina. Y cada corazón
un sacrificio que trastorna
el verano, las alas desplegadas
al vacío. Evitar el desastre: dile
que la amarás. Hablando

del silencio, los jardineros filosofan
—adelantaron los cerezos— sobre
el amor y Occidente: ¿es esto la hierba cuando
yo no estoy? Lo que sea, será, el péndulo
y el amor, la nube gris, las decepciones

de marzo. Y cómo distinguir
los negocios del robo, el centro
de estampado de los almendros
en flor, la telaraña de intereses,
lo absurdo de un deseo. Me pregunto

dónde estoy realmente, mi memoria
es muy lenta, por qué siempre
por qué si todos somos extraños.
Fundido en negro.

...TACIÓN DE MEDINA

Llego cada mañana
a la estación. Me esperan y esa
certeza me sostiene. Sin embargo,
ojeo repetidamente los saltos
de los paneles electrónicos, próximas
salidas, próximas llegadas, retrasos,
de manera inconsciente miro la hora, desconfío
de todos los relojes. Y a menudo me paro
ante las puertas automáticas, vacilo
en mi propio reflejo, me pregunto
si aún soy, si merece la pena
encontrarme de nuevo con la vida
en el andén. Y acompañarla como
cada día a ninguna parte. Pero me esperan
y esa seguridad del otro me emociona.

Remolcados por el azar desde
muy lejos, algunos granos de trigo
germinan entre las vías de la Estación
del Norte. He aquí el envés del que siembra
en las parábolas bíblicas: breve, que no
estéril, esplendor, al trasluz, de espigas
cuajando, para un horizonte de herrumbre. Así
la austera probidad de aquel que cuando
está la cosecha aguanta en casa
meditando sobre la ruin gestación
de las rentas y el interés que engorda
la esclavitud de la codicia en los vagones.

Deslizan con altanería sus maletas
de ruedas, se impacientan al sacar
el billete. Controlan, estirados en las sillas
de plástico, la sala de viajeros. Aguantan
la mirada, cualquier mirada. Jamás
se les acercan los sableadores. No
fuman ni te perdonan. Nunca van
a mear, siempre llevan corbata.
Son sucios en el fondo, pero por no
mancharse se masturban con el móvil.

Hoy los factores arrancaban
entre los rieles las espigas
sin futuro y el viejo de siempre
gritaba solo en el andén tercero. Borrachos
habituales —la cara chupada— se disponían a viajar
hasta la siguiente estación, la ojerosa
pedía cinco pavos —el iris muy abierto
le va afilando la mirada, los pómulos
hundidos, todo ojos la cara— y los bujarrones
del urinario estaban todos, apostados
sin ningún disimulo. Entonces estalló
la música de ambiente, atronador
Iglesias, y entendí de súbito
la obscenidad, la simetría del progreso, la triste
consunción de la lucha de clases.

El cementerio junto al río en Viana
de Cega. Luego el campo se ondula cereal,
iglesias que dominan, postes
de luz —no quedan ni ribazos—
y, sin embargo, es mayo en el olor
de los pinos y flota aún el polen sobre
los asientos. La vida que nos lleva, su lento
empuje de gasoil, su respiración
asmática que se desinfla en los apeaderos:
Valdestillas, Matapozuelos, Pozaldez.
Y así parece que hemos
llegado en el olvido. Pero
a la vuelta otra vez la misma
imagen, el vacío del cuerpo, un frío
encalado, cipreses detrás de lo que escribo. Cruces
blancas, el río baja siempre sucio, como
revuelto, porque el miedo se contagia
cuando la muerte permanece al lado.

La niña de las trenzas no ha salido
a saludarnos, ni tampoco ayer, creo
que en toda la semana. Acaso
fuera un lugar común impuesto
por el fango de las lecturas. No obstante,
en cada luna que destierras se aprende
que alguien ha escrito ya esto, seguro.
Del mismo modo abruma, cansa
tanto símbolo que se adhiere
a lo ferroviario, su torpe metafísica.

Las lomas de viñedos que no logro
desentrañar al hilo de las estaciones.
Al fondo, cuatro árboles como
centinelas, raquíticos. Extrañas
las labores excepto la poda, que
comprendo. A veces me redime
la amargura del vino y de su madre.
Los árboles no están secos, pero nunca
los recuerdo con hojas. Y por añadidura,
a principios de marzo, florecen.

De nuevo, enfrente, la mujer
que suele sonreírme. No soy
el que trae las respuestas, a veces
me cuesta incluso preguntar. Casi
siempre. Dime en qué estás pensando:
me arrugo pronto.

Desde la ventanilla, para el escéptico, la vida
es de verdad, transcurre, ajena y lejana.
Realmente las vacas pastan sin levantar
cabeza, los caminos se pierden,
los tractores, las nubes. Hay cierta levedad
que nos convierte en tiempo, en dioses. Verlo
todo de paso, sin sentirnos
partícipes y, en cambio,
perpetuarse al margen del ímpetu, la prisa
y el salario. Del otro lado. La misma
eternidad que nos silencia
en las salas de cine, igual de falsa.

La tarea del hombre es confusa. El martes
alguien labraba junto al encinar
tierra, por el color, muy pobre. Llevaba
cinco vertederas e ignoro por qué
di por sentado que habitaba la casa
medio caída del talud. Ahora elucubro,
contra toda evidencia, que los milagros
se dan como se da el trigo.

Palomas entre los vagones
que se oxidan, montañas de escoria
como horizonte, manganeso.
Soy el que observa y nunca se decide
a subir. Antes, un paseo de acacias
y lirios de abril contra la maleza, ahora. Acaso
siempre, porque montarse es una
pérdida, una elección, un deterioro.
El talgo pendular y luego trenes
de mercancías, ciegos como el dolor. Sólo
los sueños viajan. Nada
permite suponer que en vez del movimiento
me está tramando la quietud, que permanezco
—pues todo lo visible es máscara—.
Que mientras unos llegan otros
se van.

Con mi bono mensual parezco usuario
picado, controlable. Ignora
la red que ahora soy un tal Basilii
Illich Afanasiev, nostálgico ucraniano
con su expediente a cuestas —Medina en llamas,
comunera— camino del otro
mundo. Ayer —¡ya no hay feria, buhoneros! — José
Hierro esperando el tren y, al mismo
tiempo, un joven del barrio morisco,
enfermero, que acaba de conocer
el dolor y a Teresa de Jesús, alucinado.
Y mañana Unamuno —1910— turbando
el sueño de Isabel sobre la austeridad
del patio, apenas cuatro cipreses y la muerte bajo
el cementerio y el castillo. Cuánto hace
que dijo Mesonero Romanos que la poesía
viajaba por caminos de hierro.
Y después Azorín también lo dijo. Y tantos.
Pero puede que no se fíen
del control, el carné y mi disciplina.
Acaso ya lo sepan y por eso
estén pensando en suprimir
servicios y privatizar la empresa.

El de todas las tardes. Un pitillo,
colega. Cómo hablar en abstracto
de lo que dura frente a la permanencia,
del centro siempre húmedo, de que los trenes
necesitan la lluvia. Estoy jodido, dame
veinte durillos, tronco. Nos calma sólo
la insistencia, que nos condena.

Si el tren nos ha alcanzado o no, habría
que preguntárselo después a alguien
las tardes del otoño. A alguien
que estuvo dentro y fuera –pero cómo. Desde
luego los revisores no tienen
retentiva y algunos nos quedamos
antes, entre las hojas. Taciturnos.
Sin billete de vuelta.

Tras el paso a nivel, entre
naves destartaladas, perros y niños
nómadas, abundan los mercedes en los
descampados que anuncian la ciudad. Los quejidos
del vagón al cambiar de vía, el golpe
seco, las sacudidas que aminoran
la marcha, me hacen descubrir bombardeos
recientes –nadie viaja, fuck the police–,
que alguien perpetró el fin de semana. Pero
por lo común son tags, las firmas que ya conozco
o muñecos. A sí mismos se llaman escritores
y, a sus grafitis, vómitos. Con frecuencia
me pregunto si no serán iguales pronto,
si no lo son, el arte del spray
y la lírica: mero extrarradio clandestino, muerte
de la palabra bajo el prestigio
de un mercedes que habla, que atropella.

La espalda contra la pared y todo
más oscuro, sin remitente, seco
como la tierra en este junio
que desparramo, mientras los trenes
pasan. Vencido con la tarde, estar
sin ser visto, hasta hacerse forastero
por completo, difícil isla mientras
los trenes pasan. Qué tarde y qué
inexorablemente resisto, más solo
que la una, tanto amor que el amor
destruye perdonando la vida, como
si no estuviera mientras pasan
los trenes, me traspasan.

TÍTULOS DE CRÉDITO
(SERVIDUMBRE DE PASO Y DEDICATORIA)

Con su misma atención, que es rezo,
de creer, vía Malebranche, a Weil, la primera
que me viene de pronto a la memoria,
se lo agradeceré, como pedía Kierkegaard,
que se juzgase a cada cual: de uno
en uno. Uno pulía lentes, pelaba
patatas y patatas otro. Con su linterna,
buscando en vano, aquel Diógenes; en sus tinieblas
luminosas el Pseudo Dionisio el Areopagita;
ovejas de tupida lana con Hesíodo;
el espanto de Ulises atado al mástil.
Los ojillos de Pla, su semejanza acuosa
con la mirada cuca de Jiménez Lozano,
lo simple natural en la sabiduría
más cercana, más honda, que he conocido.
El inquietante mistificador, insoslayable
flautista de la Selva Negra, según un buen
amigo, entendido en alemán,
malandrín ontológico y mandarín
incluso, con sus admirables discípulos,
su aventajada amante, esclarecida
alumna, la que puso en evidencia
y desarmó los totalitarismos
de entonces y de hogaño. La ley suave,
por contraste, de Stifter, el trobar de Guillermo
de Aquitania, aguijones de Canetti
en los recónditos lugares de Horacio,
el viento entre los juncos, que es de Yeats,
John Muir echado boca arriba
en un prado glacial de Yosemite

junto a una pícea Williamson
al calor de una hoguera en la noche
estrellada. El poeta Lew Welch, amigo
de Gary Snyder, la mañana
en que entró en el bosque del que nunca
saldría, como hizo Alfonsina
en el mar. Una rama de níspero
recortándose sobre el cielo azul
en donde siempre estuvo Ramón Gaya.
La confinada en sí misma de Amherst, impoluta.
El solemne silencio solemne de Azorín.
La carretilla roja de William Carlos
Williams, los higos negros de António Nobre,
Rosenzweig, Martin Buber, filtrados
por Lévinas, murallas de Kavafis,
"Cuanto puedas", crepúsculos de Verlaine
y luego un claro, con violines, de luna,
la visión de Armenia de Mandelstam,
en prosa y verso, mientras trato
de apacentar los escolares lagartija
en las clases, con Bergounioux. La mirada
abatida de Daisy Edgar-Jones a las puertas
del Trinity de Dublin o en la noche
de Sligo, en *Normal people*, su melancólica
caída de ojos, tan huidiza. El amor
de Auden a las calizas, el de Ruskin
al musgo y a los líquenes, la nieve
de Montana, tan niña, duradera,
en *Una temporada para silbar*,
un manojo de rosas con un suspiro
de Gil Vicente. Mestre, el poeta
en ambulancia, entre los girasoles,
de guía virgiliano por México D.F.
Un paseo por Vermont con Robert Frost,

por sus montañas verdes; con James Agee
al norte de Alabama; con Chinaski en un centro
comercial, mientras veo pasar mujeres;
de atardecida con John Clare en Helpston,
por los brezales de la paramera.
Como él en *Años de recogimiento*
"me encontré los poemas en los campos
y sólo tuve que ponerlos por escrito",
o tal como Cristina Campo, entre los hierbajos.
Con la enclenque, enfermiza dickinson
Lorine Niedecker, pensativa y sola
por los marjales de Wisconsin, el limo.
Con Jane Kenyon en Vilmot, New Hampshire,
entre narcisos, lirios, peonías; andando
luego hacia la montaña Kearsarge. Con Katy
Kelleher, jardinera, emboscada
en un lugar perdido de Maine.
Con Mary Oliver por Massachusetts u Ohio, también
perdida por los bosques junto a su compañera.
Con Sue Hubbell en el Missouri,
y esas damas sureñas, junto a Faulkner.
Con Heaney, en su buhardilla de Strand Road.
Con Bertolt Brecht, Finlandia, los abetos,
alisos y abedules, una pipa, una radio,
un trozo de carbón por el difunto Mike McCoy.
Con Rasmussen, cruzando por vez primera,
sus huskies derrengados, firme al timón
del trineo, el mítico paso del Noroeste,
al parecer, ahora, navegable.
Aquella otra travesía, lenta,
de la que hablara Albert Camus,
para redescubrir las dos o tres imágenes
que nos abrieron para siempre el corazón.
En el comienzo de *Nostalgia*

de Tarkovski, con otra música,
Richter al piano, Bach, la bruma.
La vieja rectoría de Hawthorne,
la belleza inmortal entre sus muros.
En la cabaña de madera donde
Carver y su mujer trataron
de librarse del mundo. Cogiendo
bayas en compañía de Emerson
y Thoreau en la colina Tarber. De ilusiones
vive el hombre, de urdir el verso,
"casa de la verdad, su sombra o velo",
por decir con el florentino Aldana;
y no olvidarlo, como el memorioso,
lo dado ya, en la arena Villamediana
escrito, en la república de viento Bocángel
que tiene por monarca un accidente,
y en Medrano o Cetina, en De la Torre.
Algunos de entre quienes me escribieron,
de lo que vagamente soy. Para ellos
también, con ellos, desde ellos,
la pregunta de Muir: "¿Qué podrían decir
de las nubes los pobres mortales?".
Mientras lo pienso, crece la hierba
sola, como en el jaiku aquel de Barthes.

NOTA DE AUTOR

Sólo la insistente invitación, en extremo generosa, del responsable de esta colección universitaria "Licenciado Vidriera", el catedrático Alfonso Martín Jiménez, y de mi admirado poeta y ensayista David Pujante ha hecho posible que estos versillos vean la luz, si descontamos la vanidad de quien los ha escrito, naturalmente. Así que toda mi gratitud hacia ambos, sin duda no merezco ni por asomo semejante consideración.

Cuando me vino el largo poema inicial pensé vagamente en publicarlo, desistí luego por múltiples motivos, pero un día, qué sé yo por qué, reparé en que tenía cierto sentido editarlo en esta colección. El paraje donde está escrito fue durante muchos años, y lo sigue siendo esporádicamente, mi escritorio al aire libre, el puesto desde el que esperaba y espero, resignado al fracaso, la poesía.

Para darle forma de libro he decidido acompañarlo de algunos poemas desechados, por diversos avatares, de algunas de mis publicaciones. Los jaikus proceden de la época en que escribí *Tierras altas*, hubieran pertenecido, aproximadamente una década después, a *La lengua de las campanas* (2006), que apareció bajo el exquisito sello "El Toro de Granito", dirigido en Ávila por el poeta Jacinto Herrero. Es mi único libro *japonés*, compuesto, además de por la estrofa nipona por antonomasia, por tankas y chökas. Como el número de los que tenía excedía con mucho la estructura fijada para el volumen, que restringía los jaikus a dos docenillas, prescindí de los que ahora libero, no recuerdo las razones de mi selección de entonces, claro.

Catorce años más tarde, abandonadas mis japoneserías, reuní mis poemillas chinos de ascendencia Tang, más o menos en forma de juéjùs, en *Húrgura*, editado de lujo por la editorial vallisoletana Páramo, con fotografías espléndidas de Henar Sastre. Tampoco recuerdo por qué no incluí la media docena que exhumo aquí. Lo mismo vale para los diez rescatados del atadijo *Fuera de encuadre* (2017, Reino de Cordelia).

Los prematuros poemas inéditos "con personaje" se remontan a mis pinitos como versificador, en general son anteriores a mi primer libro publicado, *Anagnórisis* (1995) e incluso al primero que salvo de mis escritos iniciales, desencajonado y desempolvado al cabo de muchos años, *Yliria* (2014). Me he permitido, de paso, el lujo de redimir también en ese apartado, aunque no haga referencia a nadie en concreto, "Tótem", poema al que tengo mucho cariño. Cuando Marta Agudo, que en paz descanse, me pidió algún inédito para la antología de poemas en prosa que compendió junto al también poeta Carlos Jiménez Arribas, *Campo abierto. Antología del poema en prosa en España (1990-2005)* (DVD, 2005), lo prosifiqué, por ser bastante narrativo. Luego, Julio Neira, en *Geometría y angustia. Poetas españoles en Nueva York* (2012), de la colección Vandalia de la Fundación José Manuel Lara, debió recogerlo de allí. Lo devuelvo a su forma original en verso.

No hubiese incluido "…tación de Medina", resultado de mis gozosos viajes en trenes lentos de los de antes durante un curso escolar, desde Valladolid a Medina del Campo, ida y vuelta, de no haberse dado la no menos gozosa circunstancia de que, tantos años después, por lo menos una treintena, ha coincidido que mi presentador para esta colección, el profesor de la UVA Javier Alonso Prieto, sea hijo de José Antonio, uno de los maestros con los que coincidí en la villa medinense y de quien guardo un gratísimo recuerdo.

POSFACIO

Un poema en Las Peñas y algunas rebañaduras
de Fermín Herrero
por
JAVIER ALONSO PRIETO

Pero la piedra no es un mineral inerte, no está quieta ni obedece. La piedra es materia viva, un magnífico silencio que atesora la memoria de todo lo que no habla. ¿Y si se acepta la piedra como espacio discursivo?, ¿y si los cuerpos silentes son capaces de quebrar las narraciones heroicas y las historias triunfales que enaltecen a los hombres?

Begoña Méndez, *Ciento veinticuatro huecos*

Fermín Herrero podría ser un Thoreau castellano que domina la poesía de la naturaleza desde la écfrasis de un paisaje anímico. La mirada, desde la puesta en suspenso del mundo, le conduce a la identificación con el entorno, y su palabra deviene una con lo contemplado. El poeta soriano dice encontrarse próximo a la *ahamkara* hindú que propicia la asimilación a la naturaleza. Aunque el devenir y la perentoriedad están presentes, sus palabras trascienden como rocas que sobrepasan los ciclos vitales: "Estoy aquí, perduro, me prolongo / aunque no saque nada de enjundia del paisaje". Su mirada —"Respiro por los ojos"— contiene el aliento aquí referido y una conciencia ecológica que repasa y lamenta los pájaros desaparecidos, los cantos que ya solo escucha en el silencio del recuerdo.

La elección del lenguaje poético es, casi siempre, un ejercicio de retroalimentación. En la poesía de Fermín Herrero se defiende el determinismo, y su nicho vital le ofrece una serie de términos y prosodia con los que da la mano por debajo de los siglos a quienes con él coincidieron en el mismo paisaje y la misma condición. Su vocabulario es identitario, pues exhibe un rasgo de pertenencia al extinto campesinado labriego castellano y a la aridez mesetaria, una aridez que marca el paisaje con más piedras que árboles y determina al mismo tiempo el perfil existencial o su *ethos* poético. Epitextualmente va delineando ese *ethos* a través de entrevistas e intervenciones públicas en las que se siente heredero no solo de los poetas que ha leído, sino de quienes en su tierra de nacimiento y crecimiento empuñaron la azada y la palabra.

Herrero se reclama versificador y no poeta, pues así apuesta de nuevo por el oficio y no por la impostura del *ingenium*, por un trabajo constante que no conoce festivos ni musas. En este poemario de la colección *Licenciadovidriera* recoge los tres registros líricos que han dominado su amplia obra, diseminada por las principales editoriales de poesía y reconocida por los premios más destacados.

Tanto el momento de invención lírica como su pensamiento poético se encuentran próximos a rocas, peñas, riscos, risqueros, cantiles, pedruscas, peñascales... Cualquiera de estos sustantivos empleados por redundancia en el silente y duro paisaje en el que sus versos van manando a través de la introspección: "sumido en mis contemplaciones, / me escucho en la mañana de setiembre". La poesía como la piedra es un testimonio que se eleva ante la nada, la palabra ante el silencio, la piedra ante el viento. Las dos ante el paso del tiempo. La piedra trasciende por su solidez y resistencia a la erosión, y la palabra escrita también busca esa condición mineral que le permita trascender. La dureza y frialdad de la piedra se convierten en su "despacho al natural", y el poeta encuentra en ella, al igual que en la palabra, el testigo para viajar en el tiempo: "En el silencio pleno, maternal de la naturaleza / un silencio uterino anterior al lenguaje".

En Las Peñas disfruta Herrero de la colina de Leopardi donde el silencio conduce a escuchar el infinito a través de la contemplación del horizonte. Esas piedras reúnen la condición de epifanía poética y construcción del *ethos* poético. Piedras que visitó siendo pastor joven un verano y en las que encuentra la serenidad para armar sus versos emulando el recogimiento y la postura de los pastores, distintos e idénticos, que generación tras generación han visitado las mismas piedras, "como disuelto en aire y luz, en medio / de la nada, sentado contra la peña, / mirando, simplemente mirando, / sin meditar, lo menos que se pueda".

El apego al paisaje lítico y aparentemente eterno es fatídico, allí descansan los huesos de otros pueblos que se abrazaron anímicamente a las piedras y allí encuentra el silencio, un silencio que somatiza y anota. Esas silentes y güeras rocas sirven de facilitadoras de las palabras poéticas que exhalan los muertos.

Fermín Herrero domina líricamente el espacio discursivo de las piedras al que alude Begoña Méndez. Lo demuestra en el largo poema que encabeza el título de este poemario y lo hace también en los haikus que le siguen y que condensan su poesía en la naturaleza: "Las piedras hacen / sangre, pero al tocarlas / echo raíces". Esta inclinación por los metros orientales se ha visto reflejada a lo largo de su obra poética, y aquí aparecen dos secciones centrales "Unos cuantos haikus" y "Media docena de Juèjús". Los apuntes botánicos y ornitológicos de los que tanto se disfruta en la poesía de Herrero encuentran una sintonía transcultural de la que ya existe una centenaria tradición en occidente y que le permite transitar otros caminos líricos acordes con su escritura de la naturaleza.

El tercer registro de Herrero es el más deudor de su contemporaneidad, donde se puede percibir una síntesis de generaciones poéticas precedentes, la culturalista y la de la experiencia, en el que el contexto urbano cambia el ritmo de sus versos y los conceptos aludidos. La introspección permanece, pero ahora desemboca en el cine, la música y la mirada estático-dinámica de quien viaja en tren: "Desde la ventanilla, para el escéptico, la vida / es de verdad, transcurre, ajena y lejana".

Este volumen se cierra con un largo poema titulado "Títulos de crédito (servidumbre de paso y dedicatoria)" que alberga las últimas imágenes del autor y hace una rápida mención a muchas de las referencias implícitas a lo largo de las páginas. A modo de parcial educación sentimental es un último brindis al lector que se llenará de regocijo por las coincidencias que corrobore y por las pistas que le guiarán para profundizar en la obra poética de Fermín Herrero.

ÍNDICE